AF197899

1 Verbinde passend.

a)

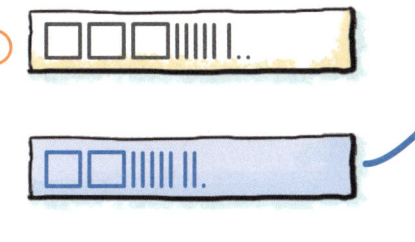

 271

H	Z	E
3	6	2

362

H	Z	E
2	7	1

146

H	Z	E
5	1	2

603

H	Z	E
1	4	6

512

H	Z	E
6	0	3

b)

H	Z	E
9	1	1

379

900 + 10 + 1

H	Z	E
3	7	9

911

200 + 1

H	Z	E
4	9	4

201

300 + 70 + 9

H	Z	E
2	0	1

670

400 + 90 + 4

H	Z	E
6	7	0

494

600 + 70

Punktebilder zuordnen und ergänzen

1 Verbinde die Punktebilder mit den passenden Zahlen.

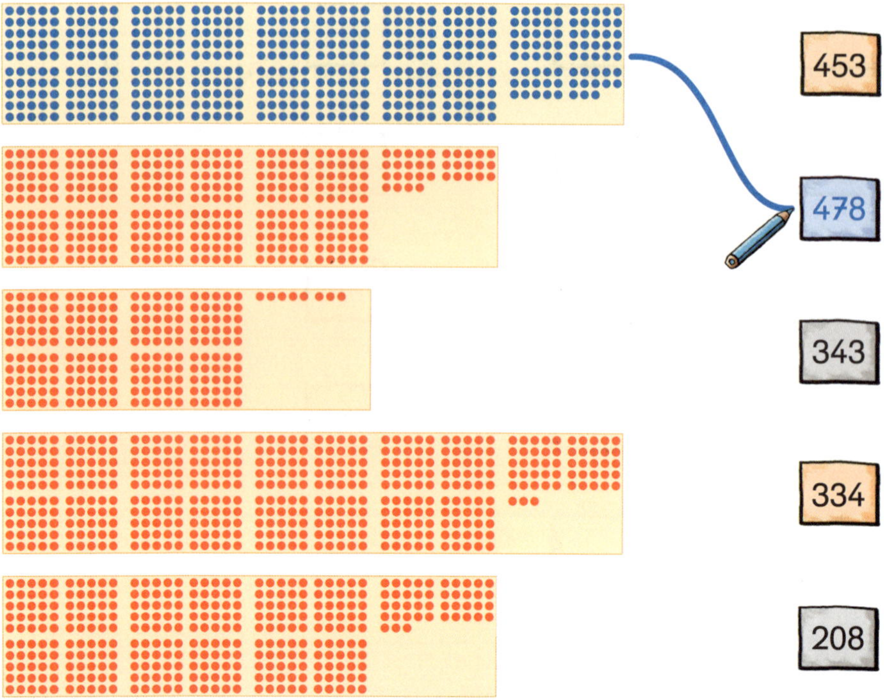

453
478
343
334
208

2 Ergänze die Punktebilder so, dass die angegebenen Zahlen dargestellt werden.

a) 222

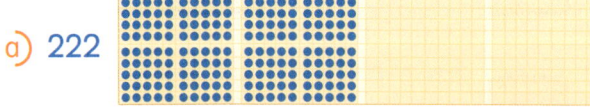

b) 461

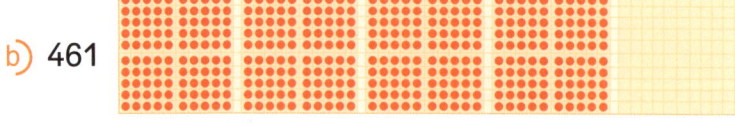

c) 107

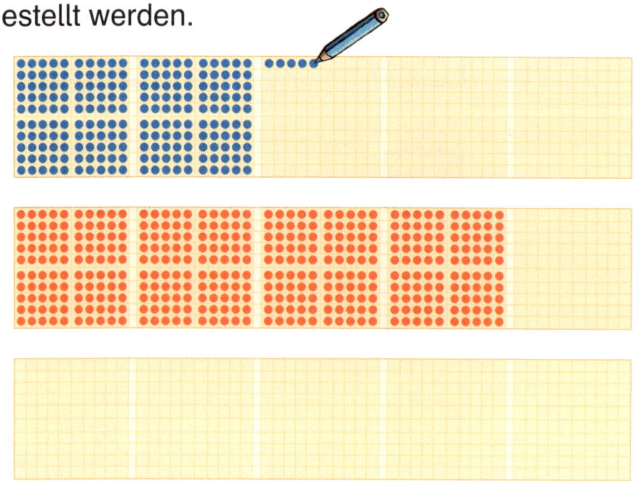

1 Male die Kärtchen, die zusammengehören,
in der gleichen Farbe aus.

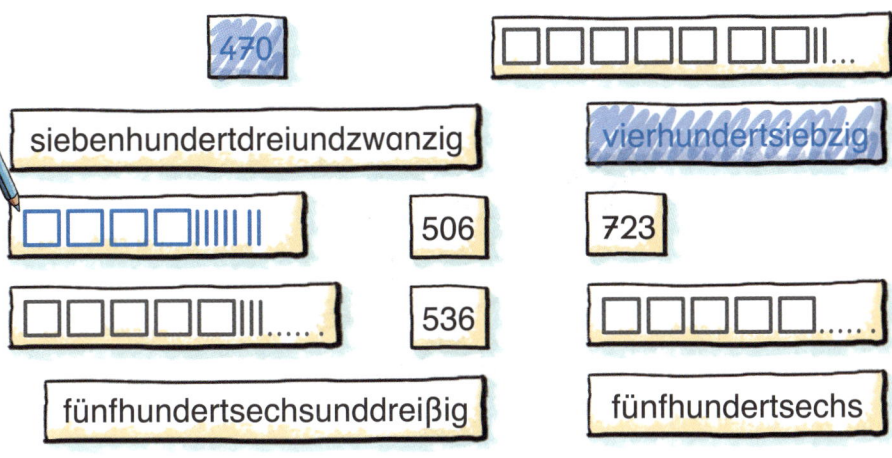

470

siebenhundertdreiundzwanzig

vierhundertsiebzig

506   723

536

fünfhundertsechsunddreißig   fünfhundertsechs

2 Löse die Zahlenrätsel.
Schreibe die Lösung als Zahl und als Zahlwort auf.

a) Die Zahl hat drei Hunderter, vier Zehner und zwei Einer.

342

b) Die Zahl hat zwei Einer, doppelt so viele Zehner
und dreimal so viele Hunderter.

c) Die Zahl hat drei gleiche Ziffern und liegt zwischen
500 und 600.

1 Trage die fehlenden Zahlen ein.

a)

246 247

386

b)

789

812

c)

179

624

d)

767

524

1 Trage die Zahlen ein.

a)

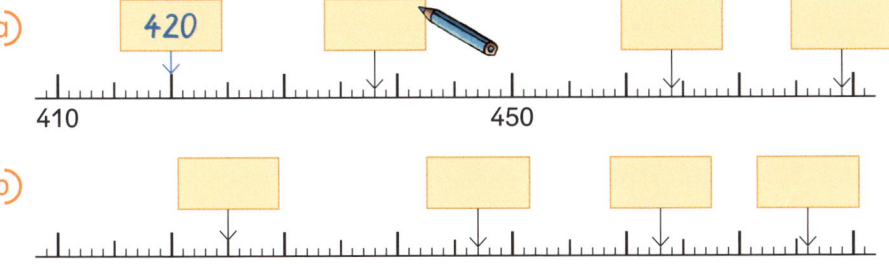

b)

2 Markiere in den Ausschnitten aus dem Zahlenstrahl bis 1 000 die folgenden Zahlen mit einem Pfeil.

a) 3̶4̶0̶, 360, 380, 400

b) 865, 8̶7̶7̶, 893, 912

3 Markiere in den Ausschnitten aus dem Zahlenstrahl bis 1 000 die folgenden Zahlen und ihre Nachbarzehner mit einem Pfeil.

a) 553

b) 92̶7̶

Die Zahlen bis 1 000   **5**

Nachbarzahlen bestimmen

1 Bestimme Vorgänger und Nachfolger.

a)

422	423			336	

	500			690	

b)

785		787	849		851

199		201	499		501

2 Bestimme die Nachbarzehner.

240	245			762	

	304			594	

3 Bestimme die Nachbarhunderter.

200	300			504	

	698			849	

4 Umkreise bei den Aufgaben **2** und **3** den Nachbarzehner bzw. den Nachbarhunderter, der näher bei der Zahl in der Mitte liegt. Geht das immer?

5 Schreibe alle möglichen Zahlen auf, die 490 als Nachbarzehner haben.

6 Überlege, wie viele Zahlen 200 als Nachbarhunderter haben.

1 Setze die Zahlenfolgen fort.

a)
+1	+1	+1	+1	+1	+1

295 | 296 | 297 | | | | |

b)
−2	−2	−2	−2	−2	−2

806 | | | | | | |

c)
+10	+10	+10	+10	+10	+10

472 | | | | | | |

d)
+10	−1	+10	−1	+10	−1

373 | | | | | | |

2 Überlege, wie die Zahlenfolgen gebildet werden, und setze sie fort.

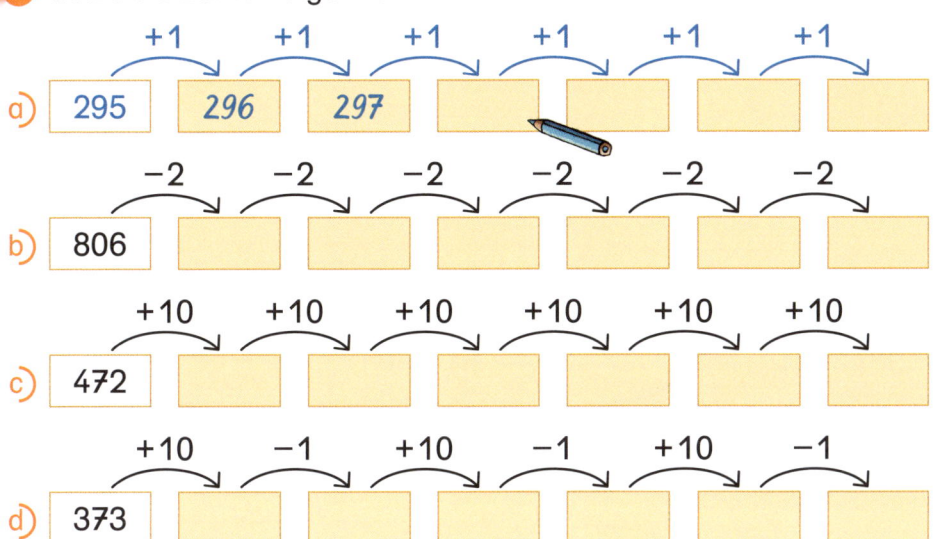

a)
+5	+5	+5			

285 | 290 | 295 | | | | |

b)
703 | 693 | 683 | | | | |

c)
699 | 700 | 702 | 705 | | | |

d)
880 | 870 | 850 | 820 | | | |

1 Setze die Zeichen > und < passend ein.

a) 348 ⬤< 352

878 ⬤ 787

921 ⬤ 912 ⬤ 902

b) 521 ⬤ 512

449 ⬤ 502

384 ⬤ 393 ⬤ 403

2 Setze passende Zahlen ein.

a) 384 < ▢

▢ < 703

763 < ▢ < 786

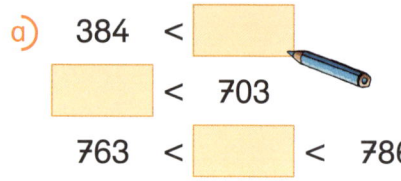

b) 501 > ▢

▢ > 989

▢ < 893 < ▢

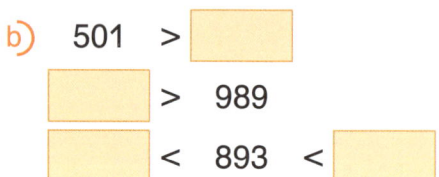

3 Setze alle passenden Zahlen ein.

573 < ▢ ▢ < 577

889 > ▢ ▢ > 885

4 Ordne die Zahlen der Größe nach.

a)
| 402 | 398 | 412 | 421 | 389 |

389 < ▢ < ▢ < ▢ < ▢

b)
| 776 | 676 | 667 | 766 | 767 |

▢ > ▢ > ▢ > ▢ > ▢

Höhe des Fernsehturms

Säulendiagramm mit Achse von 100 m bis 400 m und den Städten: Heidelberg, Stuttgart, Kaiserslautern, Köln, Nürnberg, Berlin, Frankfurt a. Main, Schwerin, München

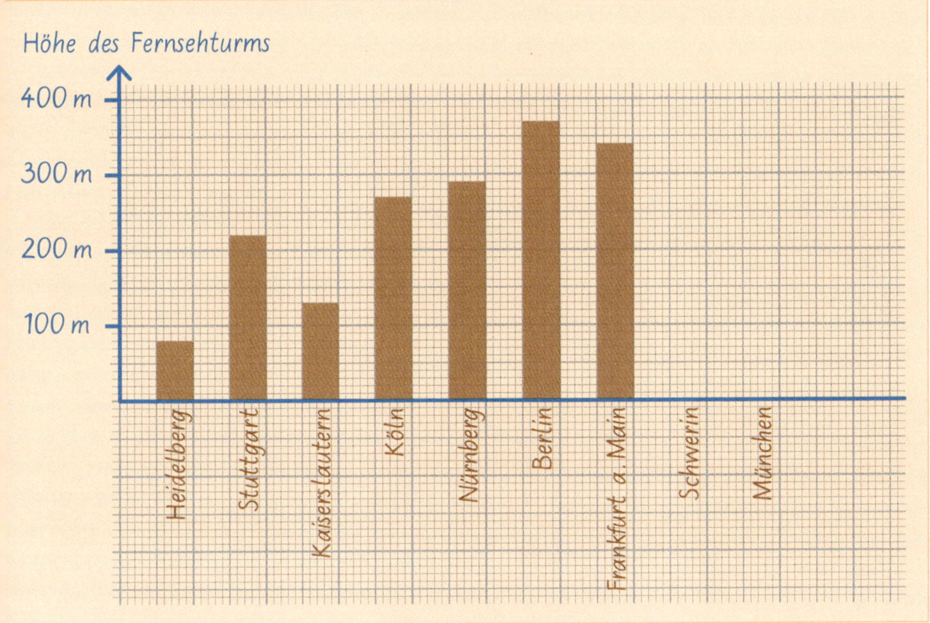

1 Im Säulendiagramm ist die Höhe der Fernsehtürme in verschiedenen Städten auf Zehner gerundet dargestellt.

a) Lies die Höhe der Fernsehtürme in folgenden Städten ab und trage ein.

Stuttgart: _____ m   Frankfurt a. Main: _____ m

Nürnberg: _____ m

b) Ergänze die Aussagen.

Der höchste Fernsehturm steht in _____. Er

ist _____ m hoch. Der Turm in _____ ist un-

gefähr doppelt so hoch wie der Turm in _____.

c) Zeichne im Säulendiagramm die Höhe der Fernsehtürme in den folgenden beiden Städten ein.

München: 290 m   Schwerin: 140 m

1 Zeichne alle Symmetrieachsen ein. Benutze ein Lineal.

a)

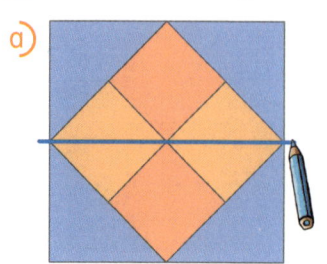

b)

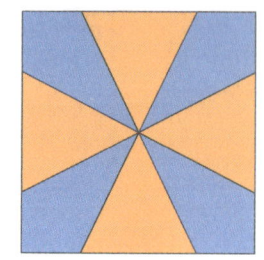

2 Zeichne das Spiegelbild.

a)

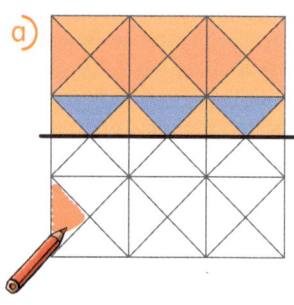

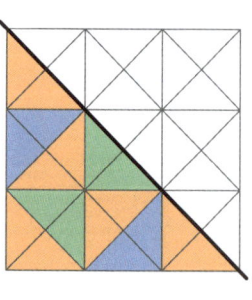

b)

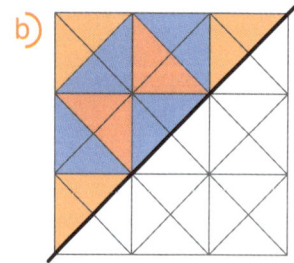

Rechenhäuser ergänzen

1 Trage die fehlenden Zahlen ein.

a)

900					
800	*100*	300	500	600	400

800		500		900	
200			100	200	

700		800		500	
	300	100			300

b)

900					
200	*300*	*400*	100	500	400

800			700		
200	300			200	100

900			1 000		
400		100	300		400

1 Finde und berechne zuerst die kleinen Aufgaben.

a)
$7 + 5 = 12$
$70 + 50 = 120$
$270 + 50 = \boxed{}$

b)
$\boxed{} + \boxed{} = \boxed{}$
$\boxed{} + \boxed{} = \boxed{}$
$680 + 70 = \boxed{}$

c)
$\boxed{} + \boxed{} = \boxed{}$
$\boxed{} + \boxed{} = \boxed{}$
$760 + 60 = \boxed{}$

d)
$\boxed{} + \boxed{} = \boxed{}$
$\boxed{} + \boxed{} = \boxed{}$
$870 + 80 = \boxed{}$

e)
$\boxed{} + \boxed{} = \boxed{}$
$\boxed{} + \boxed{} = \boxed{}$
$360 + 50 = \boxed{}$

f)
$\boxed{} + \boxed{} = \boxed{}$
$\boxed{} + \boxed{} = \boxed{}$
$750 + 80 = \boxed{}$

2 Finde und berechne die kleinen Aufgaben im Kopf.
Löse dann die Aufgaben. Kontrolliere selbst.

a)
$580 + 50 = \boxed{630}$
$360 + 70 = \boxed{}$
$780 + 70 = \boxed{}$
$890 + 40 = \boxed{}$
$760 + 60 = \boxed{}$
$270 + 90 = \boxed{}$
$440 + 70 = \boxed{}$

b)
$580 + 40 = \boxed{}$
$280 + 60 = \boxed{}$
$680 + 30 = \boxed{}$
$730 + 90 = \boxed{}$
$450 + 70 = \boxed{}$
$820 + 90 = \boxed{}$
$840 + 90 = \boxed{}$

510 630 360 820 850 430 930

620 820 910 710 520 930 340

1 Trage die fehlenden Ergebnisse ein.

a)

+30

80 → 110

+30

87 → 117

+30

387 → [ ]

b)

+80

70 → [ ]

+80

570 → [ ]

+80

578 → [ ]

c)

+70

50 → [ ]

+70

59 → [ ]

+70

559 → [ ]

d)

+60

70 → [ ]

+60

870 → [ ]

+60

874 → [ ]

2 Verbinde jeweils die drei verwandten Aufgaben und löse sie.

867 + 70 = [ ]

290 + 60 = [ ]

60 + 70 = [ ]

298 + 60 = [ ]

67 + 70 = [ ]

90 + 60 = [ ]

1 Übertrage die dargestellten Rechenschritte.

a)
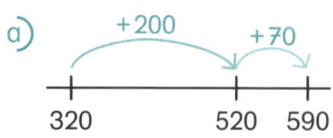

$320 + 270 =$ ☐

$320 + \boxed{200} =$ ☐

☐ $+$ ☐ $=$ ☐

b)
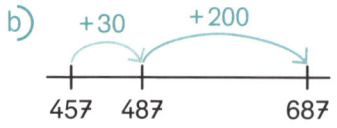

$457 + 230 =$ ☐

$457 +$ ☐ $=$ ☐

☐ $+$ ☐ $=$ ☐

2 Rechne in zwei Schritten im Kopf. Kontrolliere selbst.

a) $240 + 320 = \boxed{560}$ 690

$520 + 260 =$ ☐   560

$470 + 220 =$ ☐   780

$350 + 540 =$ ☐   890

b) $435 + 460 =$ ☐   892

$652 + 240 =$ ☐   796

$271 + 620 =$ ☐   895

$536 + 260 =$ ☐   891

3 Ergänze die Rechenmauern.

a)

960

110 | 120 | 160 | 10

b)

900

220 | | 200

| 120 | | 80

1 Finde und berechne zuerst die kleinen Aufgaben.

a)
| 12 | – | 7 | = | 5 |
| 120 | – | 70 | = | 50 |
520 – 70 = ☐

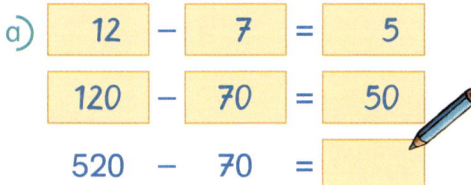

b)
☐ – ☐ = ☐
☐ – ☐ = ☐
730 – 80 = ☐

c)
☐ – ☐ = ☐
☐ – ☐ = ☐
440 – 80 = ☐

d)
☐ – ☐ = ☐
☐ – ☐ = ☐
630 – 50 = ☐

e)
☐ – ☐ = ☐
☐ – ☐ = ☐
810 – 40 = ☐

f)
☐ – ☐ = ☐
☐ – ☐ = ☐
950 – 70 = ☐

2 Finde und berechne die kleinen Aufgaben im Kopf.
Löse dann die Aufgaben. Kontrolliere selbst.

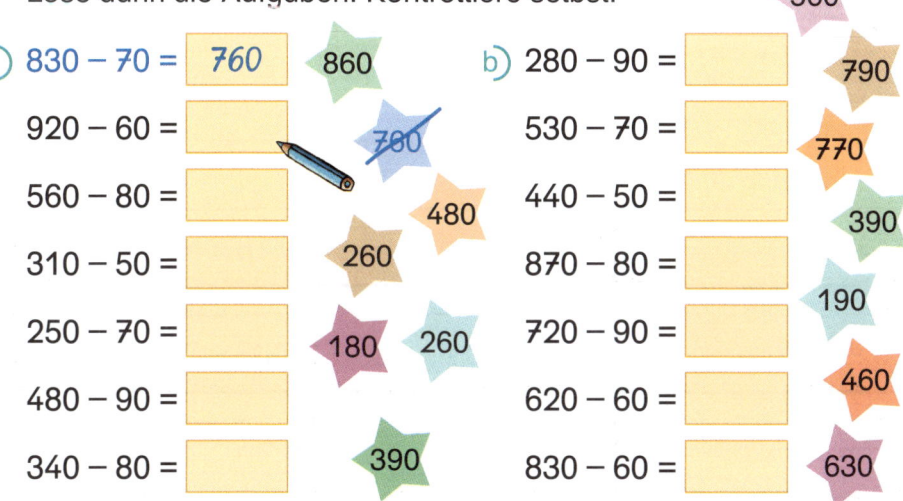

a)
830 – 70 = 760   860
920 – 60 = ☐   700
560 – 80 = ☐   480
310 – 50 = ☐   260
250 – 70 = ☐   180   260
480 – 90 = ☐
340 – 80 = ☐   390

b)
560
280 – 90 = ☐   790
530 – 70 = ☐   770
440 – 50 = ☐   390
870 – 80 = ☐   190
720 – 90 = ☐   460
620 – 60 = ☐
830 – 60 = ☐   630

1 Trage die fehlenden Ergebnisse ein.

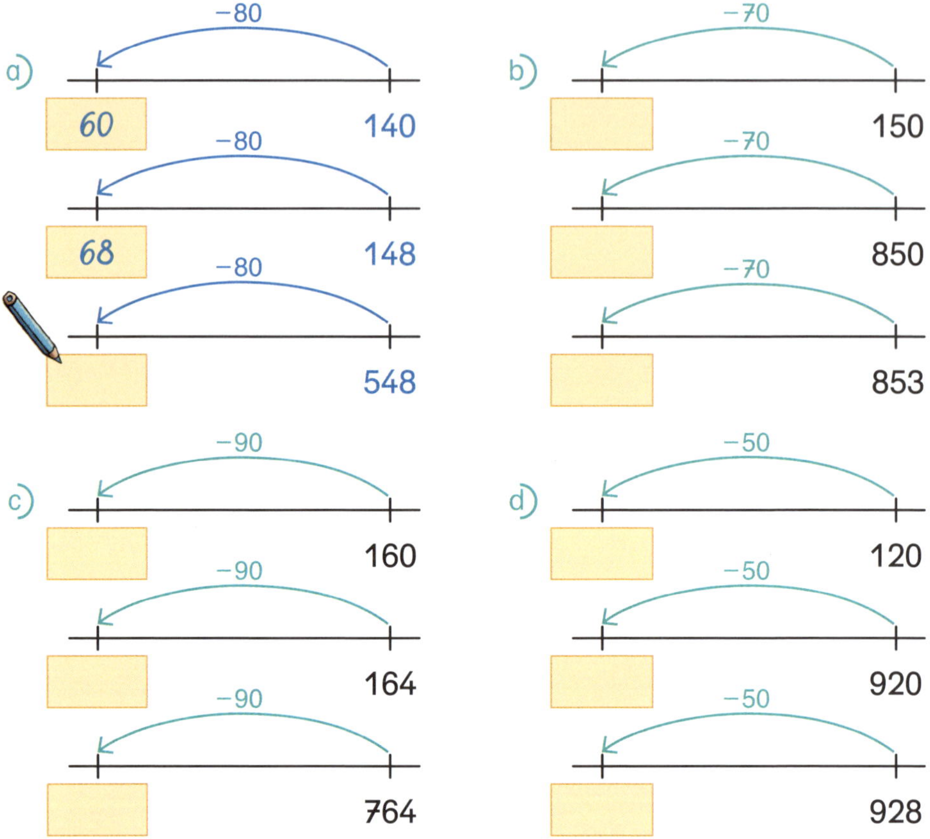

a)
−80

| 60 | 140 |

−80

| 68 | 148 |

−80

| | 548 |

b)
−70

| | 150 |

−70

| | 850 |

−70

| | 853 |

c)
−90

| | 160 |

−90

| | 164 |

−90

| | 764 |

d)
−50

| | 120 |

−50

| | 920 |

−50

| | 928 |

2 Male jeweils die drei verwandten Aufgaben in der gleichen Farbe aus und löse sie.

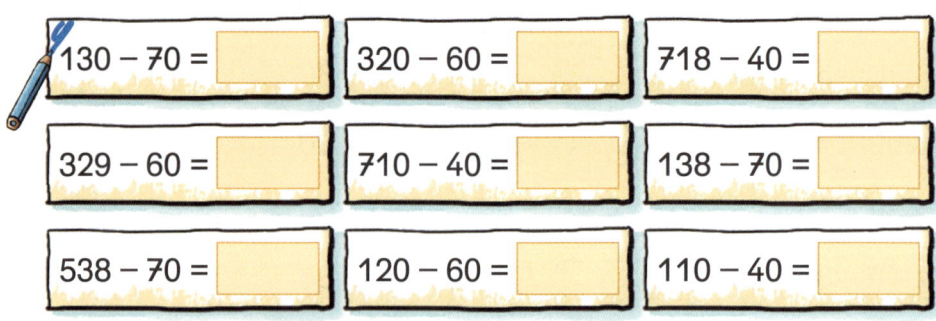

130 − 70 = ☐   320 − 60 = ☐   718 − 40 = ☐

329 − 60 = ☐   710 − 40 = ☐   138 − 70 = ☐

538 − 70 = ☐   120 − 60 = ☐   110 − 40 = ☐

1 Übertrage die dargestellten Rechenschritte.

a) $780 - 350 = \boxed{430}$

$780 - 300 = 480$
$480 - 50 = 430$

_____

780

b) $957 - 530 = \boxed{427}$

$957 - 30 = 927$
$927 - 500 = 427$

_____

957

2 Rechne in zwei Schritten im Kopf. Kontrolliere selbst.

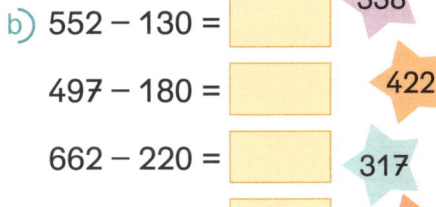

a) $890 - 360 = \boxed{}$ 420

$940 - 720 = \boxed{}$

$770 - 350 = \boxed{}$ 370

$580 - 210 = \boxed{}$ 530   220

b) $552 - 130 = \boxed{}$ 338

$497 - 180 = \boxed{}$ 422

$662 - 220 = \boxed{}$ 317

$548 - 210 = \boxed{}$ 442

3 Ergänze die Zahlenmauern.

a) 790 / 420 / 300 / 230

b) 990 / 470 / 160 / 10

1 Ergänze die Rechenhäuser.

538					
173	365	641	285	384	273

756	128	637	298	165	458

2 Schreibe alle möglichen Plusaufgaben auf und löse sie. Kontrolliere selbst. Du findest alle richtigen Lösungen unten im Kasten.

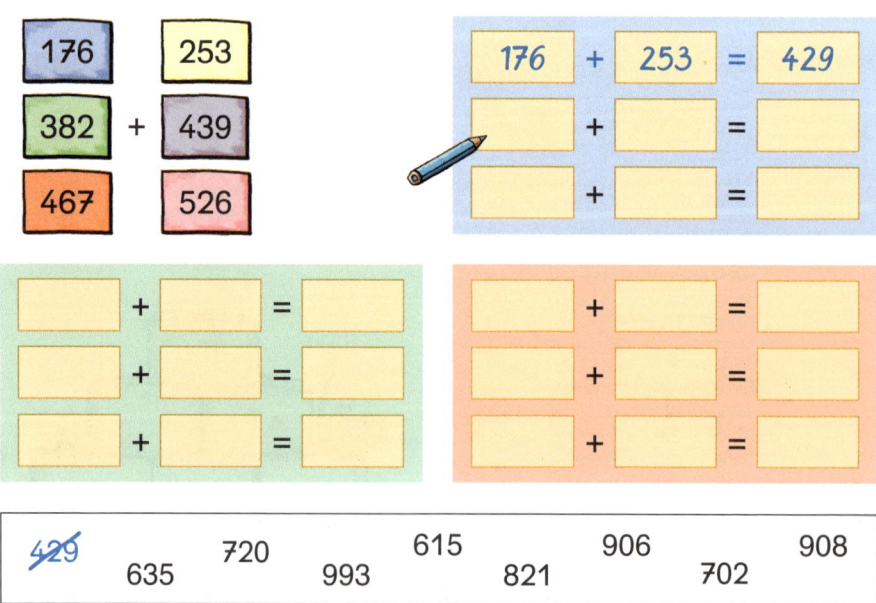

176	253
382	+ 439
467	526

176 + 253 = 429

___ + ___ = ___

___ + ___ = ___

___ + ___ = ___   ___ + ___ = ___

___ + ___ = ___   ___ + ___ = ___

___ + ___ = ___   ___ + ___ = ___

429		720		615		906		908
	635		993		821		702	

1 Ergänze die Rechentabellen.

a)

−	142	251	304
876	734		
583			
925			

b)

−	223	135	354
769			
646			
437			

c)

−	216	354	178
432			
541			
675			

d)

−	416	248	385
923			
578			
752			

2 Schreibe alle möglichen Minusaufgaben auf und löse sie.
Kontrolliere selbst. Du findest alle richtigen Lösungen
unten im Kasten.

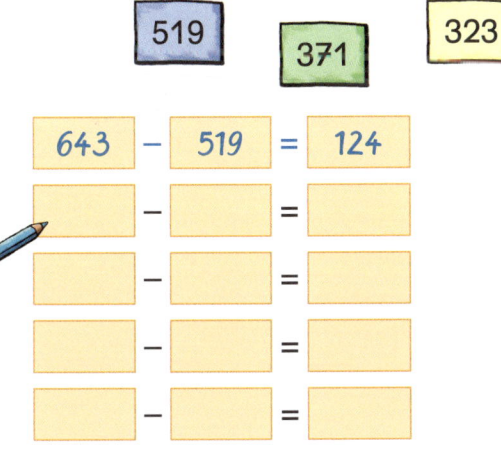

519   371   323   643   477

643 − 519 = 124

☐ − ☐ = ☐   ☐ − ☐ = ☐

☐ − ☐ = ☐   ☐ − ☐ = ☐

☐ − ☐ = ☐   ☐ − ☐ = ☐

☐ − ☐ = ☐   ☐ − ☐ = ☐

☐ − ☐ = ☐   ☐ − ☐ = ☐

272   106   48   124   42   196   154   166   320   148

Geometrische Formen erkennen und beschreiben

1 Ordne passend zu.

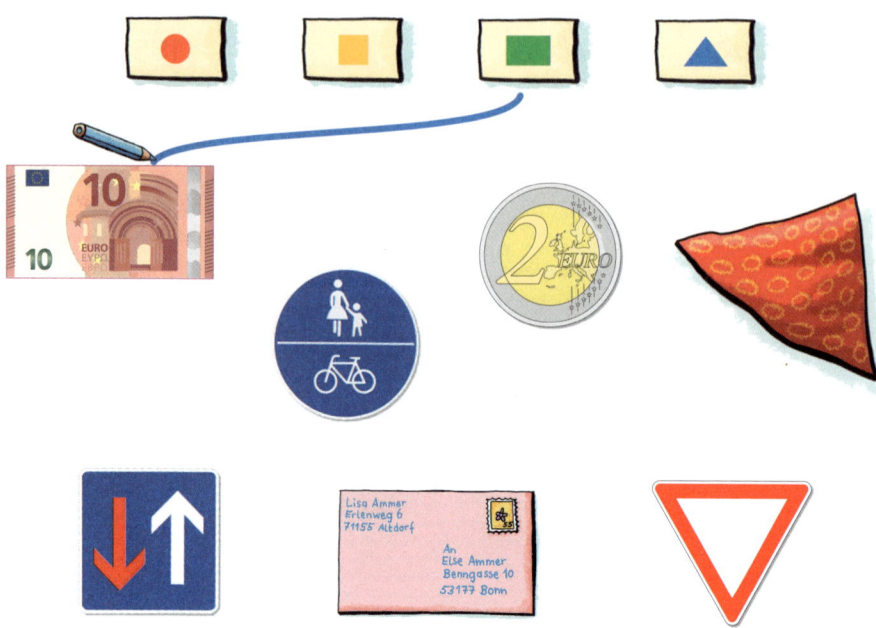

2 Kreuze an, welche Aussagen richtig und welche falsch sind.

	richtig	falsch
Ein Dreieck hat 3 Ecken.	✗	
Beim Quadrat sind die gegenüberliegenden Seiten gleich lang.		
Beim Rechteck sind alle Seiten gleich lang.		
Die Seiten eines Dreiecks sind immer gleich lang.		
Beim Rechteck sind die gegenüberliegenden Seiten gleich lang.		
Ein Kreis hat keine Ecken.		
Ein Rechteck hat 4 Ecken.		

1 Zeichne ein Quadrat, das den gleichen Flächeninhalt hat
wie die vorgegebene Figur.

a)

b)

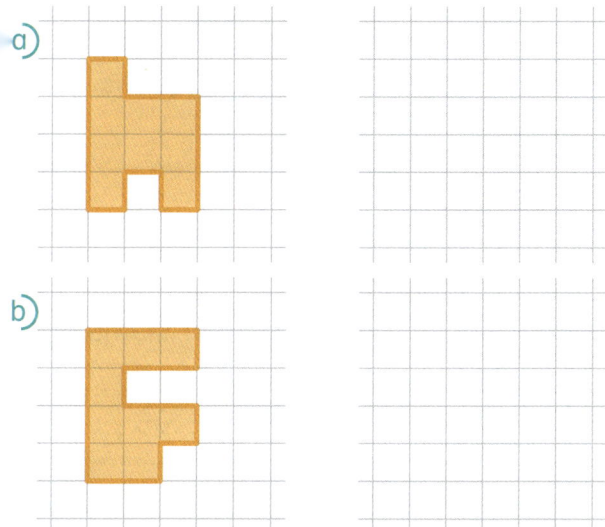

2 Zeichne auf verschiedene Weise die Hälfte
der vorgegebenen Fläche ein.

1 Berechne. Kontrolliere selbst.
Die Ergebniszahlen findest du in den Sternen.

a)

H	Z	E
6	2	7
+ 3	5	1
9	7	8

899

979

b)

H	Z	E
1	7	8
+ 7	2	1

978

c)

H	Z	E
3	0	5
+ 6	7	4

2 Übertrage in die Stellentafeln und berechne.
Kontrolliere selbst. Die Ergebniszahlen findest du in den Sternen.

a) 203 + 486

H	Z	E
2	0	3
+ 4	8	6

689

b) 925 + 73

H	Z	E
+		

998

c) 37 + 642

H	Z	E
+		

989

498

d) 830 + 152

H	Z	E
+		

679

e) 471 + 27

H	Z	E
+		

982

f) 56 + 741

H	Z	E
+		

797

g) 241 + 423 + 325

H	Z	E
+		
+		

769

h) 813 + 76 + 110

H	Z	E
+		
+		

999

i) 547 + 210 + 12

H	Z	E
+		
+		

1 Löse die Aufgaben. Trage die Übertragszahl rot ein.
Suche deine Ergebniszahl im Zahlenfeld unten und male sie an.

a)
H	Z	E
5	2	7
+ 1	2	4
	1	
6	5	1

b)
H	Z	E
3	4	6
+ 5	3	7

c)
H	Z	E
7	6	9
+ 1	2	1

d)
H	Z	E
3	4	2
+ 5	6	4

e)
H	Z	E
4	6	7
+ 3	5	2

f)
H	Z	E
5	2	3
+ 1	9	5

g)
H	Z	E
2	4	3
+ 1	2	5
+ 4	2	6

h)
H	Z	E
1	6	2
+ 4	3	4
+ 2	5	3

i)
H	Z	E
3	2	4
+ 5	2	0
+ 1	3	7

Deine Ergebnisse sind richtig, wenn dieses Muster entsteht.

781	892	718	849	890	894	858
872	727	883	978	981	979	895
649	651	794	821	819	906	899

Fehlende Ziffern einsetzen

1 Setze die fehlenden Ziffern ein:

a) bei Aufgaben ohne Übertrag

```
  2 3 6
+ 5 4 3
───────
  □ 7 9
```

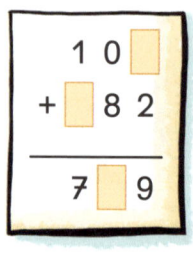

```
  1 0 □
+ □ 8 2
───────
  7 □ 9
```

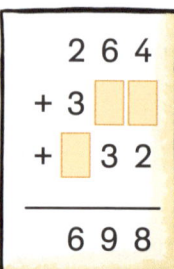

```
  2 6 4
+ 3 □ □
+ □ 3 2
───────
  6 9 8
```

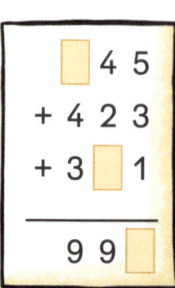

```
  □ 4 5
+ 4 2 3
+ 3 □ 1
───────
  9 9 □
```

b) bei Aufgaben mit einem Übertrag

```
  □ 3 9
+ 2 □ □
    1
───────
  8 8 1
```

```
  5 □ 5
+ □ 6 2
    1
───────
  7 4 □
```

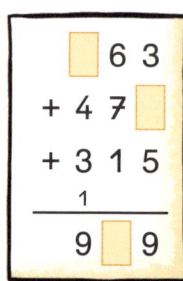

```
  □ 6 3
+ 4 7 □
+ 3 1 5
    1
───────
  9 □ 9
```

```
  2 □ 7
+ 3 0 6
+ □ 6 □
      1
───────
  9 8 5
```

c) bei Aufgaben mit zwei Überträgen

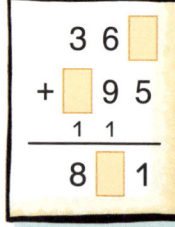

```
  3 6 □
+ □ 9 5
  1 1
───────
  8 □ 1
```

```
  4 □ 6
+ □ 8 □
  1 1
───────
  9 4 3
```

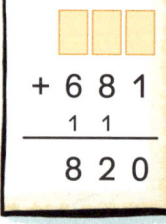

```
  □ □ □
+ 6 8 1
  1 1
───────
  8 2 0
```

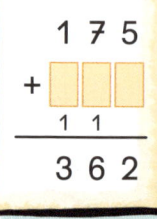

```
  1 7 5
+ □ □ □
  1 1
───────
  3 6 2
```

```
  4 □ 9
+ □ 5 3
+ 2 7 □
  1 1
───────
  9 3 8
```

```
    5 7
+ 3 4 □
+ □ 9 2
  1 1
───────
  7 □ 7
```

```
  □ □ □
+ 2 1 3
+ 3 2 9
  1 1
───────
  8 1 5
```

```
  4 6 8
+ 3 7 5
+ □ □ □
  1 1
───────
  9 9 9
```

1 Betrachte zuerst die Aufgaben und male die Sternchen in der passenden Farbe aus.

⭐ kein Übertrag   ⭐ Übertrag an der Einerstelle

⭐ Übertrag an der Zehnerstelle   ⭐ Übertrag an der Einer- und Zehnerstelle

Schreibe dann die Zahlen richtig untereinander und bestimme das Ergebnis.

a 564 + 278

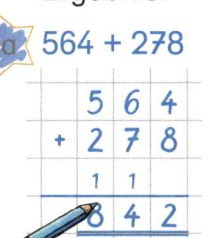

b 318 + 461

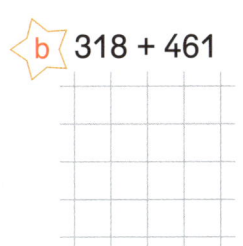

c 567 + 325

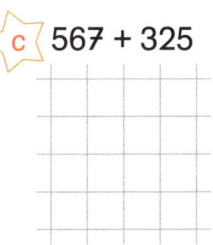

d 265 + 573

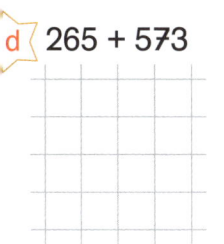

e 465 + 276

f 721 + 237

g 479 + 431

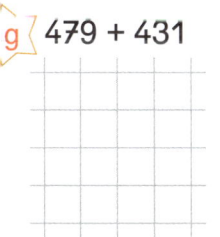

h 527 + 145

i 480 + 354

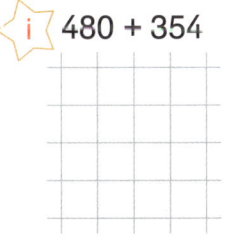

k 718 + 133 + 67

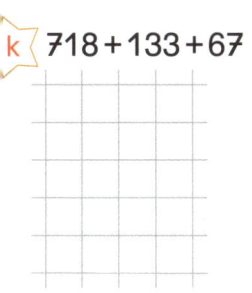

l 233 + 424 + 215

m 133 + 244 + 352

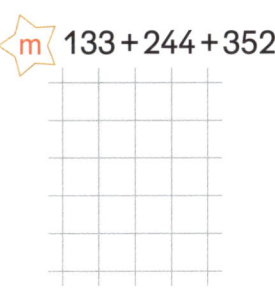

1 Berichtige die Fehler. Benutze dazu einen Buntstift.

a)
```
   354
  +209
  +272
  ̲1̲ ̲1̲̲
   7Z5
    3
```

b)
```
   146
  +385
  +123
  ̲ ̲1̲ ̲1̲
   644
```

c)
```
   456
  +160
  +284
  ̲ ̲ ̲ ̲ ̲
   790
```

d)
```
   593
  + 37
  +174
  ̲ ̲ ̲ ̲ ̲
   773
```

2 Stelle fest, welcher Fehler gemacht wurde. Kreuze in der passenden Farbe an. Schreibe dann die Aufgabe richtig daneben.

| fehlender Übertrag | Fehler beim Addieren | Zahlen falsch untereinander- geschrieben |

a) ✗
```
   505
  +264
  ̲ ̲ ̲ ̲ ̲
   766
```
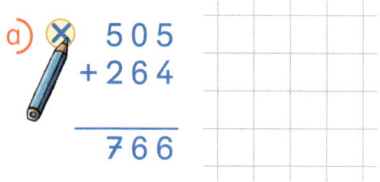

b) ○
```
   126
  + 49
   ̲ ̲1̲ ̲
   616
```
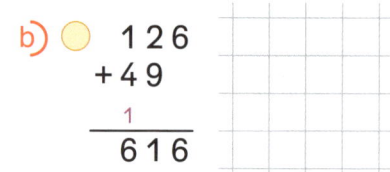

c) ○
```
   480
  +203
  +245
   ̲ ̲1̲ ̲
   828
```
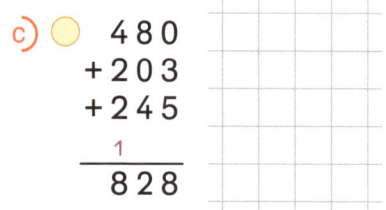

d) ○
```
   146
  +385
  +123
  ̲ ̲1̲ ̲1̲
   644
```
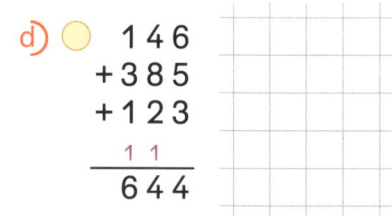

e) ○
```
   126
  + 27
  +236
  ̲ ̲1̲ ̲1̲
   632
```
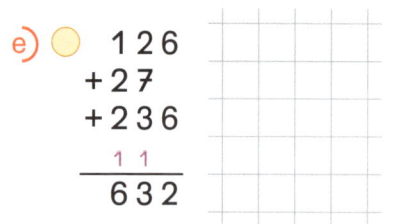

f) ○
```
   239
  +503
  +187
   ̲ ̲1̲ ̲
   829
```
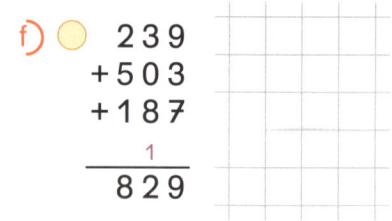

1 Lies beide Uhrzeiten ab und schreibe sie auf.

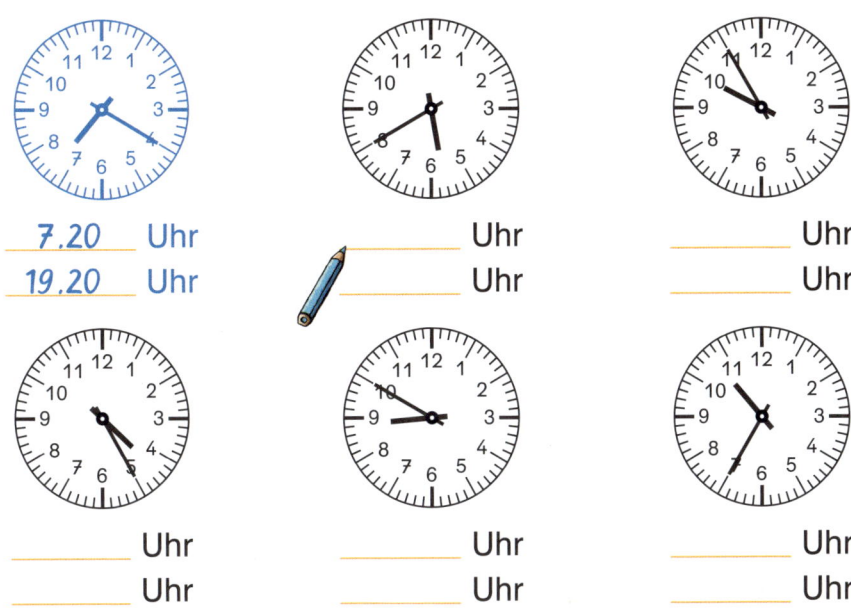

_7.20__ Uhr   _____ Uhr   _____ Uhr
_19.20__ Uhr   _____ Uhr   _____ Uhr

_____ Uhr   _____ Uhr   _____ Uhr
_____ Uhr   _____ Uhr   _____ Uhr

2 Schreibe die zur Tageszeit passende Uhrzeit auf.

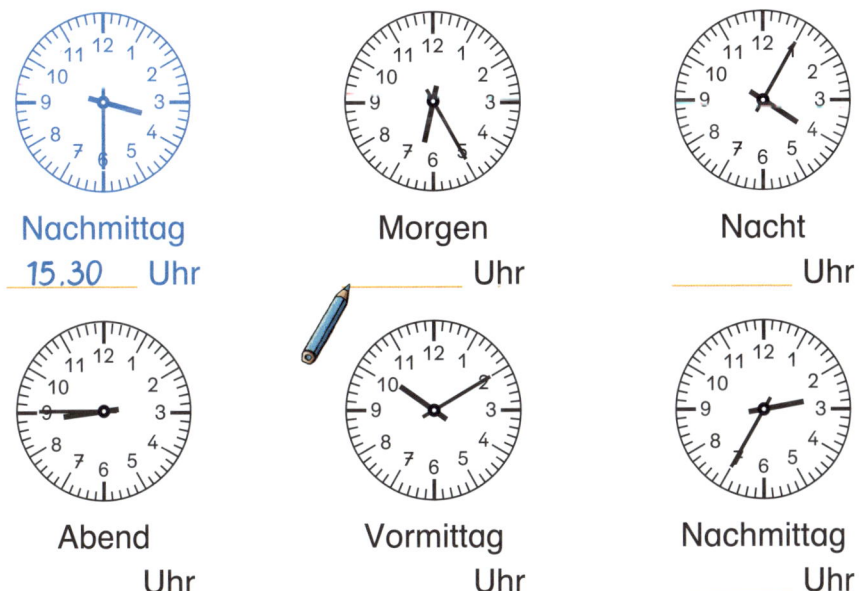

Nachmittag   Morgen   Nacht
_15.30__ Uhr   _____ Uhr   _____ Uhr

Abend   Vormittag   Nachmittag
_____ Uhr   _____ Uhr   _____ Uhr

1 Lies beide Uhrzeiten auf die Sekunde genau ab und schreibe sie auf.

4.30 Uhr und 45 Sek.

2 Zeichne ein:

a) den Sekundenzeiger

17.45 Uhr und 15 Sek.

20.50 Uhr und 7 Sek.

b) den Minuten- und den Sekundenzeiger

15.35 Uhr und 20 Sek.

6.15 Uhr und 50 Sek.

1 Wandle um.

a) 1 h 30 min = `90` min   80 min = ⬜ h ⬜ min

2 h 15 min = ⬜ min   190 min = ⬜ h ⬜ min

3 h 45 min = ⬜ min   145 min = ⬜ h ⬜ min

b) 1 min 20 s = ⬜ s   105 s = ⬜ min ⬜ s

3 min 10 s = ⬜ s   250 s = ⬜ min ⬜ s

2 min 5 s = ⬜ s   175 s = ⬜ min ⬜ s

2 Kreise jeweils die kürzeste Zeitangabe ein.

a)   2 Minuten   150 s   1 min 40 s   90 s

b)   1 h 5 min   95 s   100 min   eineinhalb Stunden

c)   300 s   1 h   6 min   5 min 30 s

3 Ergänze die passende Zeiteinheit (h, min, s).

a) Tim benötigt für seinen Schulweg 15 ⬜ .

b) Lisas Zeit beim 50-m-Lauf beträgt 8 ⬜ .

c) Paul benötigt für die Hausaufgaben 1 ⬜ 10 ⬜ .

d) Maja benötigt zum Anziehen 1 ⬜ 20 ⬜ .

e) Janek schwimmt eine Strecke von 50 m in ungefähr 1 ⬜ .

1 Berechne die Zeitdauer.
Stelle deine Rechenschritte in einer Skizze dar.

a) Kinovorstellung
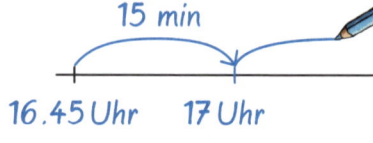
Beginn: 16.45 Uhr
Ende: 18.30 Uhr
16.45 Uhr   17 Uhr   18.30 Uhr
Dauer: ☐ h ☐ min

b) Zugfahrt

Beginn: 9.17 Uhr
Ende: 11.45 Uhr
Dauer: ☐ h ☐ min

c) Schultag

Beginn: 7.45 Uhr
Ende: 12.50 Uhr
Dauer: ☐ h ☐ min

2 Berechne die fehlenden Zeitpunkte.
Stelle deine Rechenschritte in einer Skizze dar.

a) Ausflug

Beginn: 8.30 Uhr
Dauer: 3 h 45 min
Ende: ☐ Uhr

b) Fernsehsendung

Ende: 18.05 Uhr
Dauer: 1 h 20 min
Beginn: ☐ Uhr

1 Berechne. Kontrolliere selbst.
Die Ergebniszahlen findest du in den Sternen.

a)

H	Z	E
9	8	6
− 4	5	3
5	3	3

424

521

b)

H	Z	E
8	7	5
− 4	3	2

533

422

c)

H	Z	E
7	6	3
− 3	5	1

2 Übertrage in die Stellentafeln und berechne.
Kontrolliere selbst. Die Ergebniszahlen findest du in den Sternen.

a) 789 − 365

H	Z	E
−		

412

b) 999 − 478

H	Z	E
−		

443

c) 546 − 123

H	Z	E
−		

113

d) 859 − 347

H	Z	E
−		

512

e) 697 − 275

H	Z	E
−		

115

f) 496 − 242

H	Z	E
−		

423

g) 325 − 210

H	Z	E
−		

325

h) 284 − 171

H	Z	E
−		

254

i) 639 − 314

H	Z	E
−		

1 Löse die Aufgaben. Ziehe ab oder ergänze.
   Suche die Ergebniszahl im Zahlenfeld unten und male sie an.

a)

H	Z	E
8	7	1
− 4	3	5

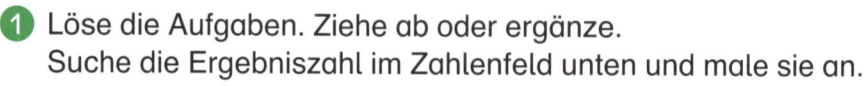

b)

H	Z	E
6	9	4
− 3	6	5

c)

H	Z	E
7	4	1
− 5	2	3

d)

H	Z	E
7	1	8
− 4	5	3

e)

H	Z	E
8	3	9
− 5	6	7

f)

H	Z	E
6	1	8
− 2	7	3

g)

H	Z	E
8	0	9
− 4	6	7

h)

H	Z	E
9	9	1
− 2	4	7

i)

H	Z	E
5	2	1
− 3	8	0

Deine Ergebnisse
sind richtig, wenn dieses
Muster entsteht.

293	562	265	923	345	275	821
543	329	342	141	436	744	265
411	435	272	392	218	281	562

1 Setze die fehlenden Ziffern ein:

a) bei Aufgaben ohne Stellenübergang

Löse durch Abziehen oder Ergänzen.

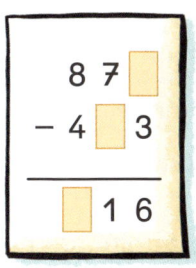

b) bei Aufgaben mit einem Stellenübergang

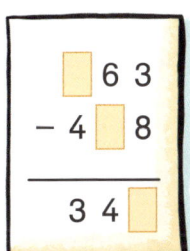
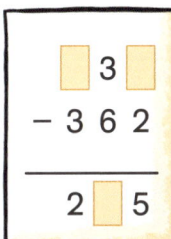
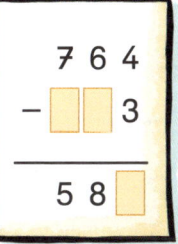

c) bei Aufgaben mit zwei Stellenübergängen

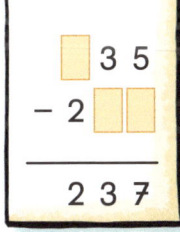

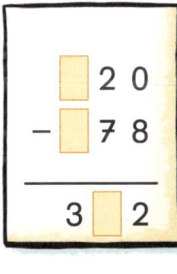
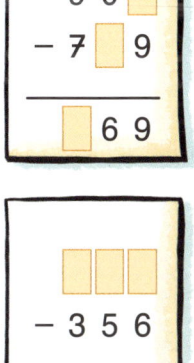

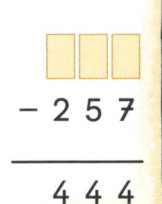

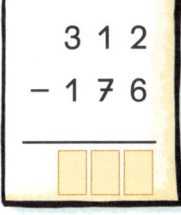

1 Betrachte zuerst die Aufgaben und male die Sternchen in der passenden Farbe aus.

⭐ kein Stellenübergang

⭐ Stellenübergang an der Einerstelle

⭐ Stellenübergang an der Zehnerstelle

⭐ Stellenübergang an der Einer- und Zehnerstelle

Schreibe dann die Zahlen richtig untereinander und bestimme das Ergebnis.

a 983 − 456

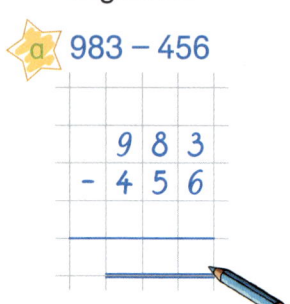

b 513 − 376

c 761 − 428

d 634 − 378

e 738 − 415

f 819 − 475

g 518 − 395

h 815 − 649

i 789 − 568

Aufgaben zusammenstellen und Ergebnisse überprüfen

1 Stelle mit den vorgegebenen Zahlen sechs verschiedene Minusaufgaben zusammen und bestimme das Ergebnis. Kontrolliere selbst mithilfe der Umkehraufgabe.

509

432

765

901

	9	0	1
-	7	6	5

+

2 Löse die Plusaufgaben.
Kontrolliere dein Ergebnis mithilfe der Umkehraufgabe.

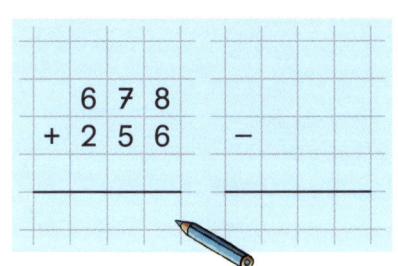

	6	7	8
+	2	5	6

−

	3	0	8
+	5	9	9

1 Ermittle den Geldbetrag im Sparschwein
und schreibe ihn in Komma-Schreibweise auf.

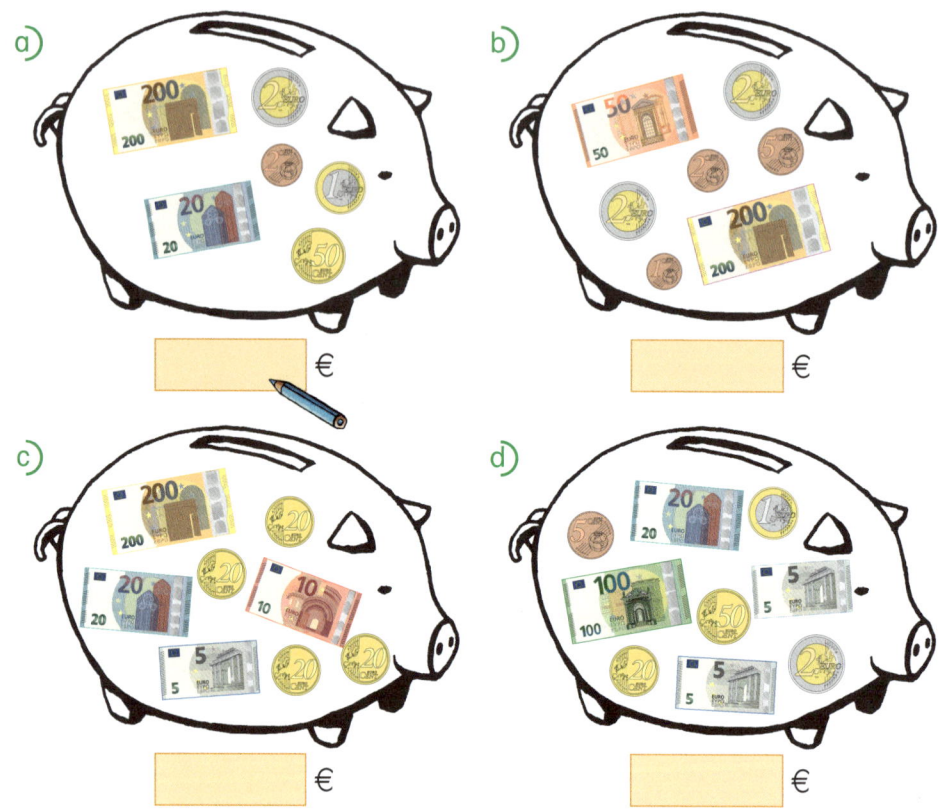

a)

b)

[   ] €

[   ] €

c)

d)

[   ] €

[   ] €

2 Schreibe die Geldbeträge der Größe nach geordnet auf.

a) Beginne mit dem kleinsten Betrag.

10,25 €	125 ct
1,52 €	
252 ct	52,12 €

125 ct < _____

b) Beginne mit dem größten Betrag.

40,08 €	408 ct
4,80 €	
804 ct	48,08 €

_____

1 Löse die Aufgaben. Rechne schriftlich.

a) 32,54 € + 19,63 €   b) 153,85 € + 9,02 €   c) 354,98 € + 298,65 €

```
    3 2,5 4 €
  + 1 9,6 3 €
    1 1
    5 2,1 7 €
```

d) 73,61 € − 29,95 €   e) 536,95 € − 9,98 €   f) 784,39 € − 398,95 €

2 Löse die Aufgaben. Rechne schriftlich.
Übertrage dazu die Geldbeträge in die Komma-Schreibweise.

a) 26 € 8 ct + 7 € 75 ct

```
    2 6,0 8 €
  +   7,7 5 €
  1     1
    3 3,8 3 €
```

Achte auf die Null.

b) 40 € 52 ct + 13 € 8 ct

c) 51 € 72 ct − 29 € 39 ct

d) 80 € 5 ct − 41 € 19 ct

Rechengeschichten zusammensetzen und lösen

1 Setze aus den Teilen durch Verbinden zwei Rechengeschichten zusammen. Ergänze dann die passende Rechnung und Antwort.

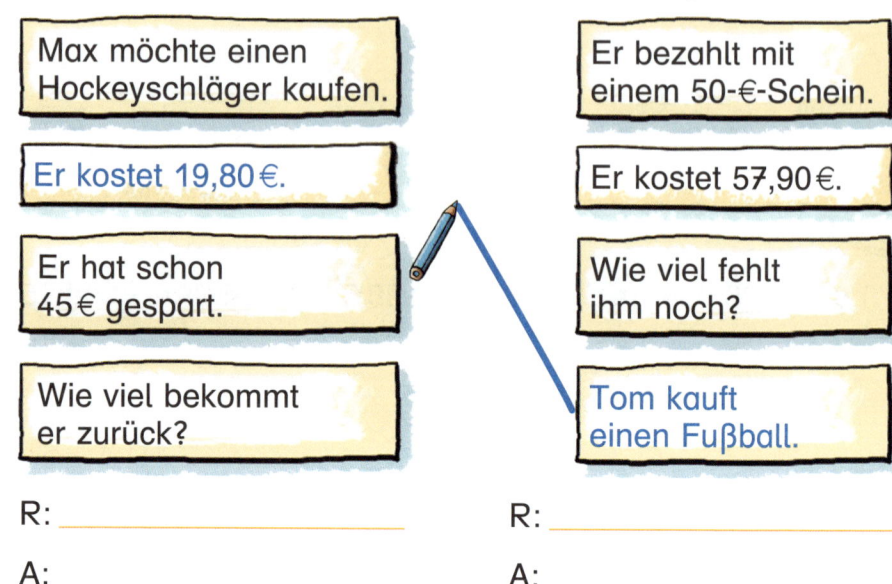

Max möchte einen Hockeyschläger kaufen.

Er bezahlt mit einem 50-€-Schein.

Er kostet 19,80 €.

Er kostet 57,90 €.

Er hat schon 45 € gespart.

Wie viel fehlt ihm noch?

Wie viel bekommt er zurück?

Tom kauft einen Fußball.

R: _____

R: _____

A: _____

A: _____

_____

_____

2 Ergänze die Tabellen.

a)

Preis	Ich habe …	Ich muss noch sparen …
149 €	95 €	
234,20 €	196 €	
87,50 €	63,90 €	

b)

Preis	Ich gebe …	Ich bekomme zurück …
36 €	50 €	
87,50 €	100 €	
15,98 €	20 €	

1 Löse die Aufgabenpaare.

a) 6 · 4 = ⟦24⟧   b) 7 · 8 = ⟦ ⟧   c) 9 · 7 = ⟦ ⟧

6 · 40 = ⟦240⟧   7 · 80 = ⟦ ⟧   9 · 70 = ⟦ ⟧

d) 7 · 3 = ⟦ ⟧   e) 5 · 6 = ⟦ ⟧   f) 4 · 8 = ⟦ ⟧

7 · 30 = ⟦ ⟧   5 · 60 = ⟦ ⟧   4 · 80 = ⟦ ⟧

2 Finde zunächst die Aufgabe aus dem kleinen Einmaleins.
Löse dann beide Aufgaben.

a) ⟦9⟧ · ⟦3⟧ = ⟦27⟧   b) ⟦ ⟧ · ⟦ ⟧ = ⟦ ⟧

9 · 30 = ⟦270⟧   5 · 70 = ⟦ ⟧

c) ⟦ ⟧ · ⟦ ⟧ = ⟦ ⟧   d) ⟦ ⟧ · ⟦ ⟧ = ⟦ ⟧

3 · 80 = ⟦ ⟧   4 · 90 = ⟦ ⟧

e) ⟦ ⟧ · ⟦ ⟧ = ⟦ ⟧   f) ⟦ ⟧ · ⟦ ⟧ = ⟦ ⟧

4 · 60 = ⟦ ⟧   6 · 80 = ⟦ ⟧

3 Finde passende Malaufgaben.

a) 14 = ⟦2⟧ · ⟦7⟧   b) 27 = ⟦ ⟧ · ⟦ ⟧

14 = ⟦7⟧ · ⟦2⟧   27 = ⟦ ⟧ · ⟦ ⟧

140 = ⟦2⟧ · ⟦70⟧   270 = ⟦ ⟧ · ⟦ ⟧

140 = ⟦ ⟧ · ⟦ ⟧   270 = ⟦ ⟧ · ⟦ ⟧

Durch Zehnerzahlen dividieren

1 Löse die Aufgabenpaare.

a) $42 : 7 = \boxed{6}$

$420 : 70 = \boxed{6}$

b) $18 : 3 = \boxed{}$

$180 : 30 = \boxed{}$

c) $20 : 4 = \boxed{}$

$200 : 40 = \boxed{}$

d) $72 : 9 = \boxed{}$

$720 : 90 = \boxed{}$

e) $63 : 7 = \boxed{}$

$630 : 70 = \boxed{}$

f) $64 : 8 = \boxed{}$

$640 : 80 = \boxed{}$

2 Finde zuerst die „einfache" verwandte Aufgabe.
Löse dann beide Aufgaben.

a) $\boxed{45} : \boxed{9} = \boxed{5}$

$450 : 90 = \boxed{5}$

b) $\boxed{} : \boxed{} = \boxed{}$

$560 : 70 = \boxed{}$

c) $\boxed{} : \boxed{} = \boxed{}$

$270 : 90 = \boxed{}$

d) $\boxed{} : \boxed{} = \boxed{}$

$500 : 10 = \boxed{}$

e) $\boxed{} : \boxed{} = \boxed{}$

$210 : 30 = \boxed{}$

f) $\boxed{} : \boxed{} = \boxed{}$

$480 : 80 = \boxed{}$

3 Löse die Aufgaben. Kontrolliere selbst mithilfe der Umkehraufgabe.

a) $540 : 90 = \boxed{6}$

denn $\boxed{6} \cdot \boxed{90} = \boxed{540}$

b) $280 : 70 = \boxed{}$

denn $\boxed{} \cdot \boxed{} = \boxed{}$

c) $350 : \boxed{} = 5$

denn $\boxed{} \cdot \boxed{} = \boxed{}$

d) $630 : \boxed{} = 9$

denn $\boxed{} \cdot \boxed{} = \boxed{}$

e) $\boxed{} : 70 = 6$

denn $\boxed{} \cdot \boxed{} = \boxed{}$

f) $\boxed{} : 80 = 5$

denn $\boxed{} \cdot \boxed{} = \boxed{}$

1 Zerlege in zwei Teilaufgaben und rechne schrittweise.

a) $7 \cdot 32 = \boxed{}$

$7 \cdot \boxed{30} = \boxed{210}$

$7 \cdot \boxed{} = \boxed{}$

$7 \cdot 32 = \boxed{}$

b) $9 \cdot 57 = \boxed{}$

$9 \cdot \boxed{} = \boxed{}$

$9 \cdot \boxed{} = \boxed{}$

$9 \cdot 57 = \boxed{}$

2 Zerlege in zwei Teilaufgaben.
Schreibe deinen Rechenweg in Kurzform auf.

$7 \cdot 58 = \underline{350 + 56} = \boxed{406}$ $9 \cdot 36 = \underline{} = \boxed{}$

$4 \cdot 18 = \underline{} = \boxed{}$ $8 \cdot 27 = \underline{} = \boxed{}$

3 Zerlege in drei Teilaufgaben und rechne schrittweise.

a) $6 \cdot 132 = \boxed{}$

$6 \cdot \boxed{100} = \boxed{600}$

$6 \cdot \boxed{} = \boxed{}$

$6 \cdot \boxed{} = \boxed{}$

$6 \cdot 132 = \boxed{}$

b) $3 \cdot 235 = \boxed{}$

$3 \cdot \boxed{} = \boxed{}$

$3 \cdot \boxed{} = \boxed{}$

$3 \cdot \boxed{} = \boxed{}$

$3 \cdot 235 = \boxed{}$

4 Zerlege in Teilaufgaben.

a) Schreibe deinen Rechenweg auf.

$3 \cdot 245 = \underline{600 + } = \boxed{}$

$4 \cdot 176 = \underline{} = \boxed{}$

b) Löse im Kopf.

$7 \cdot 123 = \boxed{}$

$5 \cdot 154 = \boxed{}$

Zahlen mit Komma multiplizieren

1 Vervollständige die Tabellen.

a)

Anzahl	1	2	6	7	9	10
Preis in ct	45					
Preis in €	0,45					

b)

Anzahl						
Preis in ct						
Preis in €						

2 Verbinde mithilfe der Überschlagsrechnung
Aufgaben- und Ergebniskärtchen.

a)

| 6 · 47 |
| 5 · 123 |
| 8 · 78 |
| 4 · 212 |

| 615 |
| 282 |
| 848 |
| 624 |

b)

| 5 · 0,38 € |
| 6 · 1,05 € |
| 8 · 0,98 € |
| 4 · 2,15 € |

| 8,60 € |
| 7,84 € |
| 6,30 € |
| 1,90 € |

3 Finde mithilfe der Überschlagsrechnung die fünf falschen
Rechnungen. Streiche sie durch.

5 · 107 € = 353 €   4 · 6,20 € = 28,80 €   3 · 113 € = 339 €

7 · 49 € = 343 €   7 · 93 € = 516 €   2 · 2,76 € = 3,65 €

8 · 8,90 € = 41,20 €   3 · 289 € = 867 €   6 · 72 € = 432 €

1 Finde die passende Aufgabe. Berechne die Ergebnisse.

a) $420 : 7 = \boxed{60}$ b) $300 : 5 = \boxed{}$ c) $360 : 4 = \boxed{}$

$35 : 7 = \boxed{5}$ $10 : 5 = \boxed{}$ $28 : 4 = \boxed{}$

$\boxed{455} : 7 = \boxed{65}$ $\boxed{} : 5 = \boxed{}$ $\boxed{} : 4 = \boxed{}$

d) $640 : 8 = \boxed{}$ e) $270 : 3 = \boxed{}$ f) $540 : 9 = \boxed{}$

$72 : 8 = \boxed{}$ $18 : 3 = \boxed{}$ $36 : 9 = \boxed{}$

$\boxed{} : 8 = \boxed{}$ $\boxed{} : 3 = \boxed{}$ $\boxed{} : 9 = \boxed{}$

2 Löse die Aufgaben. Zerlege in passende Teilaufgaben.

a) $552 : 6 = \boxed{}$ b) $475 : 5 = \boxed{}$ c) $675 : 9 = \boxed{}$

$\boxed{540} : 6 = \boxed{90}$ $\boxed{} : 5 = \boxed{}$ $\boxed{} : 9 = \boxed{}$

$\boxed{12} : 6 = \boxed{2}$ $\boxed{} : 5 = \boxed{}$ $\boxed{} : 9 = \boxed{}$

d) $672 : 8 = \boxed{}$ e) $356 : 4 = \boxed{}$ f) $651 : 7 = \boxed{}$

$\boxed{} : 8 = \boxed{}$ $\boxed{} : 4 = \boxed{}$ $\boxed{} : 7 = \boxed{}$

$\boxed{} : 8 = \boxed{}$ $\boxed{} : 4 = \boxed{}$ $\boxed{} : 7 = \boxed{}$

3 Zerlege im Kopf in passende Teilaufgaben.
Schreibe nur das Ergebnis auf.

a) $530 : 5 = \boxed{106}$ b) $721 : 7 = \boxed{}$ c) $504 : 8 = \boxed{}$

d) $855 : 9 = \boxed{}$ e) $456 : 8 = \boxed{}$ f) $279 : 3 = \boxed{}$

Mit der Punkt-vor-Strich-Regel umgehen

1 Löse die Aufgaben. Kreise ein, was du zuerst rechnen musst, und schreibe deine Rechenschritte auf.

a) (7 · 5) + 15 = $\boxed{50}$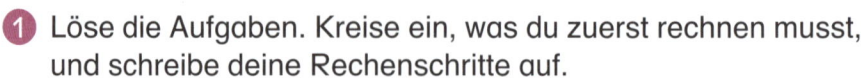

$\underline{\quad 35 + 15 = 50 \quad}$

b) 240 : 4 + 15 = $\boxed{}$

$\underline{\qquad\qquad\qquad}$

c) 90 − 5 · 9 = $\boxed{}$

$\underline{\qquad\qquad\qquad}$

d) 394 − 36 : 9 = $\boxed{}$

$\underline{\qquad\qquad\qquad}$

e) 3 · 6 + 3 · 4 = $\boxed{}$

$\underline{\qquad\qquad\qquad}$

f) 120 : 4 + 60 : 3 = $\boxed{}$

$\underline{\qquad\qquad\qquad}$

g) 7 · 8 − 6 = $\boxed{}$

$\underline{\qquad\qquad\qquad}$

h) 720 : 9 − 3 = $\boxed{}$

$\underline{\qquad\qquad\qquad}$

2 Löse die Kettenaufgaben. Kreise ein, was du zuerst rechnen musst, und schreibe deine Rechenschritte auf. Kontrolliere selbst.

a) 120 + (5 · 7) − (50 : 10) + (2 · 40) = $\boxed{230}$

$\underline{\quad 120 + 35 - 5 + 80 = 230 \quad}$

300

150

b) 480 : 8 − 10 · 1 + 360 : 9 + 35 = $\boxed{}$

125

$\underline{\qquad\qquad\qquad}$

c) 7 · 4 + 32 + 80 : 4 − 350 : 7 + 120 = $\boxed{}$

230

$\underline{\qquad\qquad\qquad}$

d) 150 : 3 − 20 + 240 − 100 : 2 + 40 · 2 = $\boxed{}$

$\underline{\qquad\qquad\qquad}$

Gewichtsangaben passend zuordnen

1 Ordne Gegenstände und Gewichtsangaben passend zu.

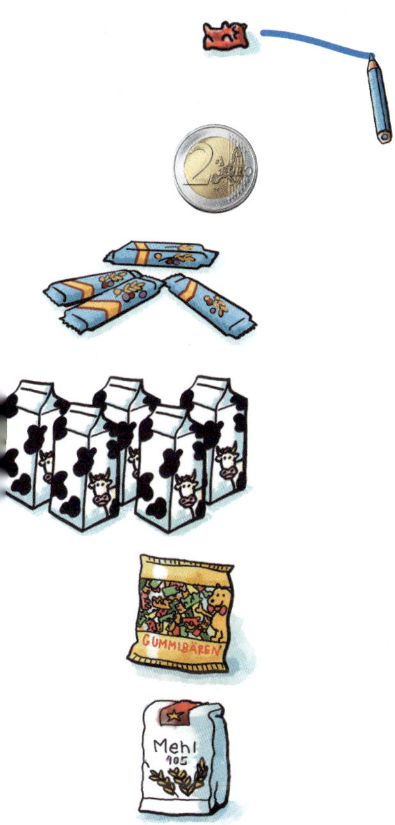

2 g
10 g
100 g
200 g
1 kg
5 kg

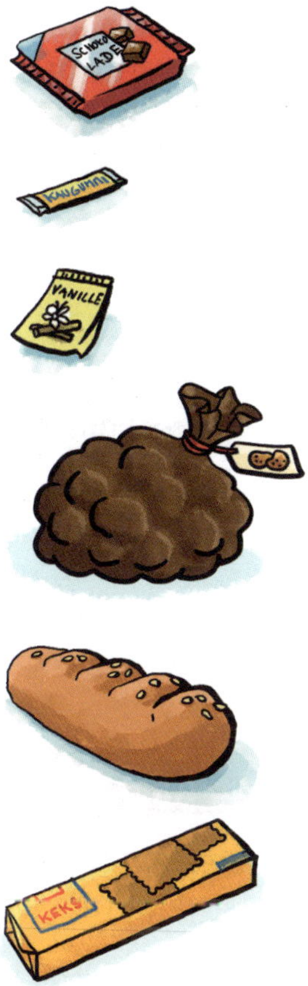

2 Kreuze jeweils an, was schwerer ist.

a) ☒ ein Glas Wasser ◯ eine Tafel Schokolade

b) ◯ ein Päckchen Butter ◯ ein Päckchen Spaghetti

c) ◯ ein Teebeutel ◯ ein Tütchen Vanillezucker

d) ◯ ein Brötchen ◯ ein Päckchen Kaffee

e) ◯ eine Katze ◯ ein Sack Kartoffeln

Gewichte bestimmen

1 Bestimme das Gewicht.

a)

Trauben: [400] g

b)

Ananas: [   ] g

c)

1 Apfel: 150 g

1 Birne: [   ] g

d)

1 Apfel: 150 g

1 Mandarine: [   ] g

e)

1 Birne: 100 g

1 Traube: [   ] g

f)

1 Apfel: 150 g

1 Orange: [   ] g

2 Bestimme die Gewichtsstücke.
Verwende die Ergebnisse von Aufgabe **1**.

a)

[   ]

b)

[   ] [   ]

1 Verbinde jeweils die Gewichtsangaben, die für das gleiche Gewicht stehen.

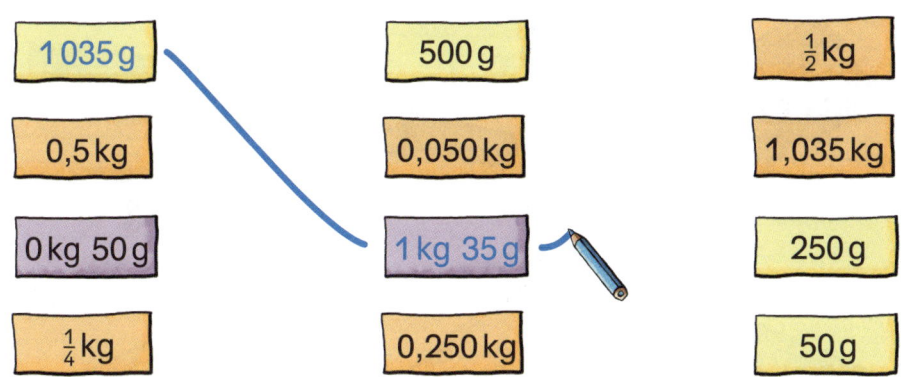

1 035 g	500 g	$\frac{1}{2}$ kg
0,5 kg	0,050 kg	1,035 kg
0 kg 50 g	1 kg 35 g	250 g
$\frac{1}{4}$ kg	0,250 kg	50 g

2 Umkreise die Angabe für das höchste Gewicht rot, die Angabe für das niedrigste Gewicht grün.

a) 48 g   408 g   0,480 kg   0,084 kg

b) 1,050 kg   1150 g   150 g   1,500 kg

c) 175 g   0,075 kg   1,750 kg   750 g

d) 0,354 kg   3,54 kg   35 g   354 g

e) 2 kg 3 g   23 g   2,30 kg   0,23 kg

3 Trage >, < oder = ein.

a) 1 kg 200 g   >   1,020 kg

250 g ◯ 0,250 kg

1,025 kg ◯ 1 kg 250 g

$\frac{1}{4}$ kg ◯ 0,300 g

b) $\frac{1}{2}$ kg ◯ 500 g

$1\frac{1}{2}$ kg ◯ 1,250 kg

750 g ◯ 0,800 kg

2,300 kg ◯ 2 kg 30 g

1 Miss die Länge der abgebildeten Gegenstände.

Spitzer: _2 cm 8 mm_   Reißnagel: _____

Streichholz: _____   Stecknadel: _____

Radiergummi: _____   Füllerpatrone: _____

Büroklammer: _____   Sicherheitsnadel: _____

2 Zeichne Strecken zu den vorgegebenen Längenangaben.

4 cm 5 mm: ⊢

6 cm 8 mm: ⊢

7 mm: ⊢

38 mm: ⊢

70 mm: ⊢

1 Verbinde jeweils Angaben zur gleichen Länge.

a)

1,00 m	50 cm
0,05 m	1 m 5 cm
1,05 m	1 m
0,15 m	5 cm
0,50 m	15 cm
1,50 m	1 m 50 cm

b)

5,20 m	20 cm
0,20 m	5 m
5,00 m	5 m 20 cm
5,02 m	52 cm
0,02 m	5 m 2 cm
0,52 m	2 cm

2 Ergänze jeweils die anderen Schreibweisen.

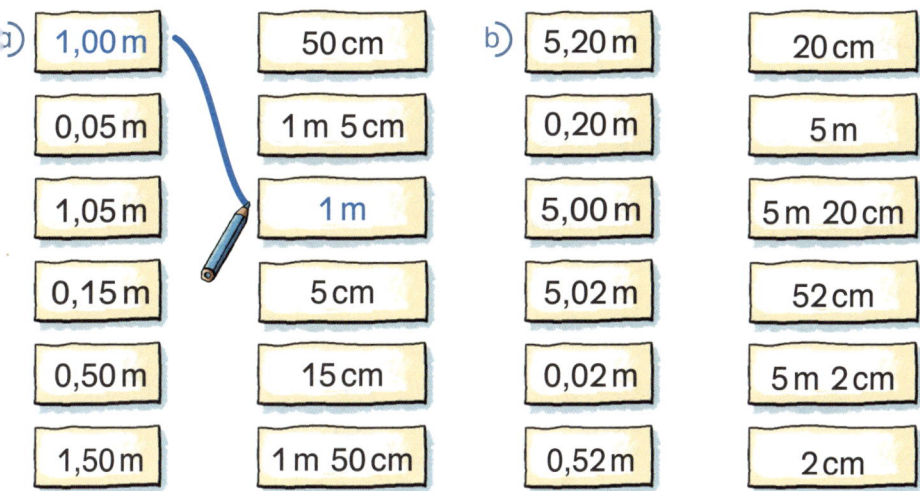

a)

12 cm 5 mm	3 cm 8 mm		
125 mm	38 mm	203 mm	
12,5 cm			30,5 cm

b)

3,75 m	4,05 m		
375 cm			550 cm
3 m 75 cm		8 m 3 cm	

3 Wandle die Längenangaben um und vergleiche sie.

a) 8 m 41 cm   8,14 m

   841 cm > 814 cm

b) 3 cm 8 mm   34 mm

c) 56 mm   5,8 cm

d) 2 m 3 cm   230 cm

1 In der Tabelle kannst du ablesen, wie viele km du mit verschiedenen Fortbewegungsmöglichkeiten in einer Stunde zurücklegen kannst. Ergänze diese.

	1 h	2 h	5 h	10 h
zu Fuß	4 km	8 km		
mit dem Fahrrad	15 km			
mit dem Auto	80 km			
mit dem Flugzeug	800 km			

2 Kreuze an.

	stimmt	stimmt nicht
1 km ist ungefähr 10-mal so lang wie ein Fußballfeld.	x	
1 000 Schritte sind mehr als 1 km.		
Die Laufbahn in einem Stadion musst du zweieinhalbmal umrunden, um 1 km zurückzulegen.		
Um 1 km zu Fuß zurückzulegen, benötigst du 1 h.		
Wenn 20 Kinder einen 50-m-Lauf gemacht haben, haben sie zusammen eine Strecke von 1 km zurückgelegt.		
Um mit dem Fahrrad 1 km zurückzulegen, benötigst du etwa 10 Minuten.		
Wenn du 40 Bahnen im Schwimmbad geschwommen bist, hast du ungefähr 1 km zurückgelegt.		

ängenangaben und Maßeinheiten passend zuordnen

1 Ordne jeweils die passende Längenangabe zu.

Höhe Zimmer	240 cm	Höhe Tisch
	25 m	
Körpergröße eines Kindes	0,70 m	Länge Haus
	1,45 m	
Länge Schwimmbecken	4,5 m	Länge Ameise
	12 m	
Länge Wäscheklammer	70 mm	Länge Auto
	0,4 cm	
Breite Lineal	30 cm	Länge Lineal
	2 cm	
Höhe Ulmer Münster	42 km	Entfernung Berlin – Köln
	161 m	
Länge Laufbahn im Stadion	550 km	Länge Marathon-Lauf
	400 m	

2 Ergänze bei den Längenangaben die passende Maßeinheit.

Lisas Körpergröße:	1,42 m	Lisas Handspanne:	15 ____
Tims Schulweg:	2 ____	Tims Bett:	2 ____
Tims Schrittlänge:	68 ____	Lisas Katze:	45 ____
Lisas Daumenbreite:	10 ____	Tims Schal:	1,20 ____
Tims Fußlänge:	25 ____	Lisas Radiergummi:	45 ____

Körper und ihre Eigenschaften erkennen

1 Trage den Namen eines Körpers ein, auf den die Beschreibung passt.

a) Der Körper hat 12 gleich lange Kanten und 8 Ecken. _____

b) Der Körper hat keine Kanten und keine Ecken. _____

c) Der Körper hat 6 Flächen, die aber nicht alle gleich groß sind. _____

d) Der Körper hat 3 Flächen, 2 davon sind Kreise. _____

e) Der Körper hat 5 Ecken und 5 Flächen. _____

2 In jeder Abbildung siehst du Flächen, die jeweils zu einem Körper gehören. Bestimme den Namen des Körpers. Zeichne anschließend die noch fehlenden Flächen ein.

a) b) 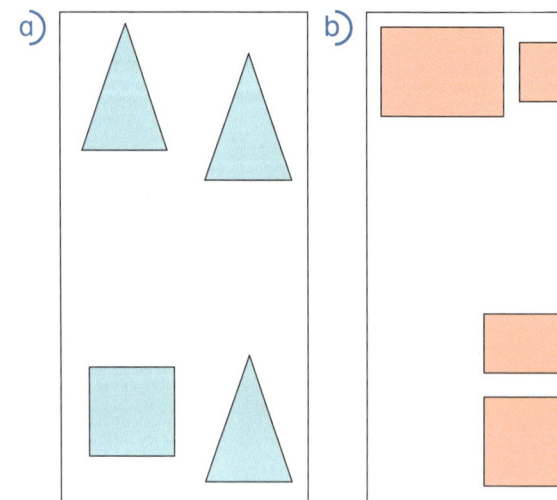 c)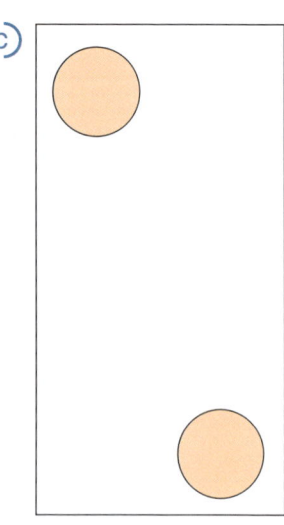

1 Untersuche die Würfelbauten.

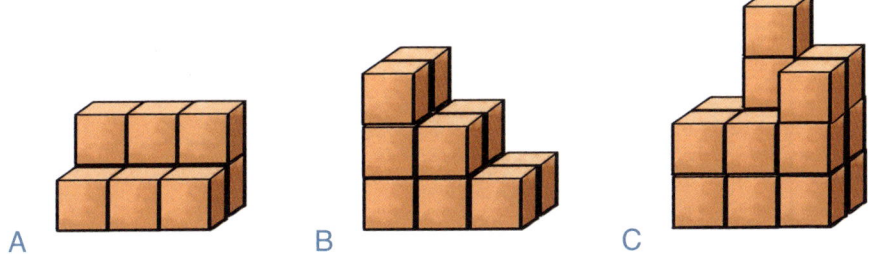

A   B   C

a) Schreibe zu jedem Würfelbau einen Bauplan.

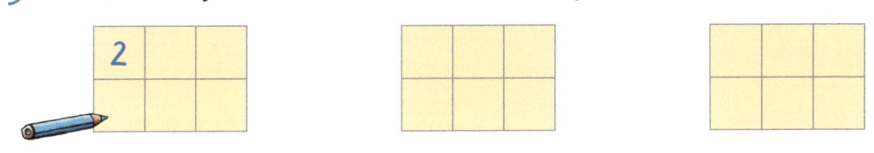

b) Gib an, wie viele Würfel du jeweils zum Bauen benötigst.

A: B: C:

c) Gib an, wie viele Würfel benötigt werden, um das Würfelgebäude zu einem kleinstmöglichen Quader zu vervollständigen.

A: B: C:

d) Ordne die Würfelbauten den Ansichten zu.

von rechts   von vorne   von hinten

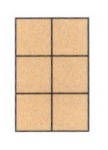 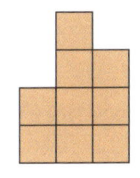 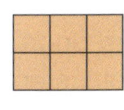

Bauwerk: Bauwerk: Bauwerk:

Ein Säulendiagramm auswerten

Lieblingssportarten der Klassen 3a und 3b

1. Im Säulendiagramm sind die Lieblingssportarten der Klassen 3a und 3b dargestellt.

a) Lies die Schülerzahlen der einzelnen Sportarten ab und trage sie in die Tabelle ein. Berechne anschließend für jede Sportart, wie viele Schüler sie insgesamt gewählt haben.

	Klasse 3a	Klasse 3b	zusammen
Fußball			
Schwimmen			
Reiten			
Turnen			
Tennis			

b) Welche Sportart ist die Lieblingssportart der meisten Schüler? _____

c) Welche Sportart ist die Lieblingssportart der wenigsten Schüler? _____

d) Welche Sportart wird in einer Klasse gar nicht als Lieblingssportart genannt? _____

Alle Möglichkeiten finden

1 Aus diesen Bildkarten kannst du lustige Fantasietiere
zusammensetzen. Vorder- und Hinterteil sollen jeweils
von einem anderen Tier sein.
Finde alle Möglichkeiten.
Verbinde die Karten und gib den Fantasietieren Namen.

2 In Baumdiagrammen sollen alle Möglichkeiten dargestellt werden,
wie man aus zwei Karten Tiere gestalten kann. Nun dürfen auch
zwei Karten, die zum gleichen Tier gehören, verwendet werden.
Ergänze.

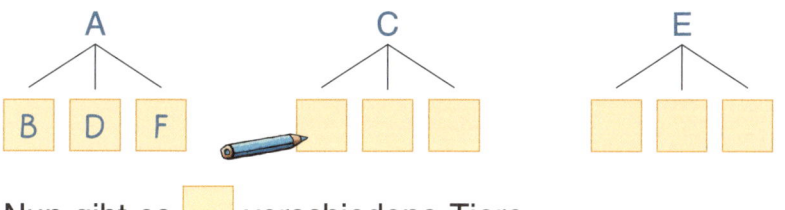

Nun gibt es ⬜ verschiedene Tiere.

Davon gibt es ⬜ Tiere tatsächlich.

1 Stell dir vor, du ziehst mit geschlossenen Augen Karten.
Kreuze die passende Aussage an.

	unmöglich	möglich, aber nicht sicher	sicher
Es werden 2 Karten gezogen, alle Karten gehören zu verschiedenen Tierarten.			
Es werden 3 Karten gezogen, alle Karten gehören zu verschiedenen Tierarten.			
Es werden 3 Karten gezogen, eine Karte zeigt eine Katze.			
Es werden 3 Karten gezogen, alle Karten gehören zur gleichen Tierart.			
Es werden 4 Karten gezogen, alle Karten gehören zur gleichen Tierart.			
Es werden 4 Karten gezogen, eine Karte zeigt einen Hund.			